Silja Walter

Stern in der Kugel

Silja Walter

Stern in der Kugel

Die Weihnachtsgeschichte,
erzählt für Erwachsene

Mit Illustrationen
von Suzanne Hürzeler-Erb

Walter-Verlag
Olten und Freiburg im Breisgau

2. Auflage 1984

Gesamtherstellung in den grafischen Betrieben
des Walter-Verlags
Printed in Switzerland

ISBN 3-530-92301-X

Für meine Schwester Ruth

Ich sage Ihnen, man ist in der Jesusgeschichte eingeschlossen wie ein Stern in der Kugel des Kosmos. Es gibt den Jesuskosmos. Man kann darin nach allen Seiten hin auszubrechen versuchen, doch man bleibt darin.

Ein Stern, der heraus will aus dem Weltall, fällt auch nur immer wieder hinein in die randlose Kugel. Springt er nach vorne hinaus, springt er nach hinten hinaus, er springt nur immer hinein, ist anderswo und anders wieder da.

Zwar gibt es in der Jesusgeschichte das War und das Wird. Aber in einer Kugel gibt es genau genommen nur immer das Hier und das Jetzt, überall und die ganze Zeit.

Das ist es, was mich nicht mehr losläßt, dieses Darinsein in einem Damals, im Damals einer Geschichte, das vorbei ist und gleichzeitig ins Heute und ins Morgen hineindauert. Niemand hilft mir heraus aus dieser Lage. Kein Mensch und kein Engel, ein Engel zuletzt. Ich muß mich mit ihr abfinden und versuchen, mich dort zu sehen, wo ich bin, seit der Weihnacht.

Immer kommt der Engel eben durchs Stadttor von Nazaret herein, immer geht er geradeaus in die Taubengasse. Woran ich ihn als Engel erkenne? Das ist kein Problem. Wer in die Jesusgeschichte hereingeholt ist, der weiß, wer wer ist und wer was tut. Im Zweifelsfall kann man beides in der Bibel nachlesen.
Der Engel ist natürlich aus Feuer, aber er tut, als wäre er ein gewöhnlicher junger jüdischer Mann, sehr vornehm in Haltung und Gang, das schon, aber ohne die bekannten hohen Federflügel und ohne Glanz um sich. Auch eine Lilie oder ein wehendes Spruchband hat er nicht mitgenommen.
Aber wissen Sie, was ich glaube?
Ich vermute, der Engel, der jetzt die Taubengasse hinabgeht, auf das kleine Haus zu mit den Nelken vor dem Gitterfenster, das ist derselbe brennende Erzengel, der auch das Paradies hinter dem ersten Ehepaar verschlossen hat, er heißt vermutlich wie jener: «Gotteskraft». Damals hieß er «Gotteskraft» oder «Marsch hinaus» – und jetzt «Gotteskraft» oder «Kommt doch herein». Es könnte gut sein.
Gabriel, Gabriel, Gotteskraft, wenn du herauskommst aus dem kleinen Haus in der Taubengasse, werde ich dich etwas fragen.
Das hat mit jedem Menschen zu tun, was dort drinnen, im Haus Nummer zweiundzwanzig, geschieht. Da drinnen kommt jetzt in einem jungen Mädchen der Himmel zur Welt. Mit wem und womit auf Erden hätte das nichts zu tun? Aber wer glaubt es?

Selbst die Leute von Nazaret glauben es nicht. Ich habe es erlebt. Ich laufe auf den Marktplatz hinab, um zu melden, was geschehen ist: «Maria hat Ja gesagt! Denken Sie, Maria! Jetzt ist die Weihnacht ausgebrochen in der Welt!» Ich bin außer Atem und heiß im Gesicht vom Laufen. «Hier in Nazaret! Hören Sie doch! In der Taubengasse ist die Weihnacht ausgebrochen!»

Die Leute drehen sich um, sehen nach mir, aber dann reden und schwatzen und streiten sie weiter miteinander, hocken da und rauchen und spucken sich vor die Füße in den Dreck. Wie es ist auf einem Markt? Da läuft immer einer herbei, drängt sich zwischen Mauleseln und dicken Händlerinnen durch und schreit etwas, und niemand hört zu.

«Über die ganze Welt hin, die Weihnacht, so hören Sie doch, hier in dieser Stadt, jetzt, ein Engel ist zu Maria gekommen! Sie kennen doch Maria? Maria in der Taubengasse!»

«Feuer?» fragt einer, und da fangen sie an aufzumerken.

«Bei der Maria Feuer?»

«Wo? Wo brennt es?»

«In der Tauben-»

«Himmel!»

Jetzt schreit alles und läuft weg, läuft die Marktgasse hinauf; wer nur laufen kann, läuft aus den Bazaren, um zu sehen, wo es brennt in der Stadt.

Da kommen die Hunde, gehen ungestört an die

Lammkeulen, fressen die gerupften Hühner, auf den Brettertischen die Brotfladen und Feigenkuchen, ganze Stapel.

Nur um zu sagen, wie es hätte sein können –

Da können Sie sich denken, wie schwierig es erst heute sein wird, dem Nachbarn, der Hausmeisterin, dem Coiffeur, ja vielleicht selbst dem Pfarrer begreiflich zu machen, worin wir im Grunde alle sind.

Das Gespräch mit Maria hat vermutlich nicht länger als zehn Minuten gedauert. Wenn ich vom Markt heraufkomme, wird sich der Engel verabschiedet haben und fortgegangen sein.

Aber, nicht wahr, da gibt es jetzt dieses verwirrende Jesus-Jetzt seiner Geschichte: der Engel tritt immer aus Marias Wohnküche auf die Gasse heraus, wenn ich komme, um mit ihm zu sprechen. Seit dem großen Gespräch hinter dem Nelkengitter in der Taubengasse kann jederzeit jeder Mensch auf Gabriel zugehen, wenn der herauskommt, und ihn fragen: «Wie ist es, Engel, was geschieht jetzt mit mir, seit Maria Ja gesagt hat?»

Das ist von jetzt an die Frage des Menschen.

Wissen Sie, was er mir geantwortet hat? «Jetzt bist du hereingeholt.»

«Was geschieht jetzt?»

«Von jetzt an wirst du immer mehr hereingeholt in die Weihnacht.»

«Immer mehr hereingeholt?»

«Ja.»

«Mein Leben lang, immer mehr?»
«Ja.»
«Wie ist das – immer mehr?»
«Das wirst du sehen.»
«Immer mehr in die heilige Nacht hereingeholt, in die Höhle, in –»
«In die Geburt Christi.»
«Hereingeholt in die Geburt Christi, das kann ich mir nicht vorstellen.»
«Das mußt du dir auch nicht vorstellen können, es geschieht doch.»
«Wo denn?»
Der Engel schweigt, aber wie ich ihn frage, ob ich ein paar Schritte mitgehen dürfe, nickt er freundlich.
«Du wirst es erfahren, wenn die Zeit gekommen ist», sagt er dann.
«Seit dem letzten Oktober arbeite ich in einem Blumengeschäft», sage ich, aber das war es gar nicht, was ich hatte sagen wollen. Ich wagte nicht zu fragen, wann denn die Zeit für diese Erfahrung gekommen sei.
«Bist du schon eine ausgelernte Floristin?» Gabriel ist wirklich ein Engel, wie er so freundlich mit mir spricht. Dabei bin ich erst neunzehn Jahre alt. Ermutigt versuche ich es nochmals.
«Ja, ausgelernte Floristin in der Blumenhalle der Siegelstrasse 77. Aber wo geschieht denn, was mich hineinholt in die Weihnacht?»
Wir waren am Stadttor angelangt. Der Engel bleibt

stehen und sieht mich an, mit seltsam leuchtenden Augen.
«In dir», sagt er, verneigt sich ein wenig und ist weg.
Ich frage Sie, wie soll man nach diesem Erlebnis noch heraus wollen aus der Jesusgeschichte? Wohin denn?

*

Ich bin jetzt auch oft in En Karim, im Haus der Aaron-Levis, im Priesterhaus, wissen Sie. Frau Aaron ist ja doch Marias Tante. Ich gehe immer gleich in die Küche. Wenn sie nicht dort ist, liegt sie auf dem Ruhebett im Wohnzimmer, sie muß jetzt viel liegen. Was denken Sie jetzt?
Jaja, ich kann jetzt nach En Karim hinauf, wann ich will. Die ganze Platanenstraße, von unserer Wohnung aus, kann ich nach En Karim hinaufgehen. Auch beim Staubsaugen im Eßzimmer oder im Schuhhaus oder im Tea-Room, ganz gleich wo, immer kann man nach En Karim hinaufgehen oder schon oben sein. Immer ist ja jetzt das Weihnachts-Jetzt, und das sprengt alle Räume und schmilzt die Zeit. Zeitloser Raum und raumlose Zeit, das gibt es jetzt auch in einer Stadt, auch in der U-Bahn ist jetzt En Karim, seit der ersten Weihnacht. Ob es der Beamte da vorne weiß? Was würde er sagen, wenn er es auf einmal sähe?
«En Karim, Priesterhaus, alles aussteigen!»
Der alte Herr Zacharias sitzt meistens neben dem

Wacholderstrauch im innern Hof und liest die Propheten.
«Seither kommt er nicht einmal mehr zum Essen ins Haus», erzählt mir Elisabeth Aaron mit bewegter Stimme.
«Seit wann denn?»
«Seit ihm das mit dem Engel widerfahren ist.»
«Ah», sage ich, «im Tempel?»
«Ja, weißt du denn schon, was im Tempel –?»
«Aber ja, Frau Aaron, da stand doch plötzlich ein Engel vor ihm.»
«Wie kannst du das wissen? Wer hat dir das gesagt? Weiß man denn in Nazaret schon, daß mein Mann...»
«Oh, man weiß es längst überall auf der Welt, auch in Deutschland und in der Schweiz, in ganz Europa.»
Frau Aaron stellt den Milchkrug, den sie in Händen hält, auf den Tisch und läßt sich auf ihr Ruhebett nieder.
«So, in der ganzen Welt?»
Das Gespräch war zu anstrengend.
«Bring ihm die Milch in den Hof», bittet sie mich dann leise und schließt die Augen.
«Gerne, Frau Aaron», sage ich und trage den Krug unter den Wacholder hinaus.
Herr Zacharias ist bekanntlich stumm.
Erst nach der Beschneidung seines Sohnes Johannes kann ich ihn fragen, wie denn alles passiert sei im Tempel.

«Es war doch während der Vesper, als –»
«Während des Abendopfers», unterbricht er mich, «da stand er vor mir. Auf einmal, ganz plötzlich.»
«Da müssen Sie aber entsetzlich erschrocken sein, Herr Zacharias.»
Erst habe er geglaubt, der Altar brenne.
«Eine wohl fünf Meter hohe Flamme stand vor mir und fing an zu reden.»
«Eine Flamme?»
«Eine Flamme, mit Gesicht.»
«Ja», sage ich, «wenn er nicht zivil erscheinen muß wie der Erzengel Raphael dem Tobit, dann ist jeder Engel eine Flamme. Aber warum haben Sie ihm nicht geglaubt, Herr Zacharias?»
«Wer sagt denn das?»
«Bei Lukas steht es so.»
«Wirklich? Was steht denn dort?»
Herr Aaron hat natürlich kein neues Testament im Haus. Ich dagegen nehme immer die Taschenausgabe, die man für fünf Franken in jeder christlichen Buchhandlung erhält, mit mir. Ich trage es in der linken Außentasche meines alten Lunchsackes überall hin in der Jesuskugel.
Ich las dem alten Herrn dann den ganzen Bericht bis und mit Vers zwanzig: «Weil du aber meinen Worten nicht geglaubt hast, die in Erfüllung gehen, wenn die Zeit dafür da ist, sollst du stumm sein.»
«Man ist auch nur ein Mensch», hatte er daraufhin gesagt und wieder in den Propheten gelesen, als wäre

ich nicht mehr da. Denn selbst, seit er wieder sprechen kann, liest er nichts anderes mehr.
Solange Herr Aaron aber stumm ist, sitzt er buchstäblich den ganzen langen Tag unter dem Wacholder wie Jonas unter dem Rhizinusstrauch.
Ich glaube, wenn einer infolge eines Engels nicht mehr sprechen kann, will er nirgends mehr hingehen auf der Welt. Ein solcher Mensch möchte am liebsten hinter einer Mauer oder Staude sitzen und vom Morgen bis zum Abend in die alten Bundesberge hineinsehen, wie man die Propheten auch nennen kann. Man weiß das von den Einsiedlern her. Die sehen alle, jeder auf seine Weise, irgendwie in die Weihnacht. Sie sehen sie über diese uralten Hügel und Berge gelaufen kommen, «wie eine Gazelle», heißt es.
Sie ist nämlich jemand.
Aber reden können sie alle nicht mehr, die das sehen. Sie vergessen zu sprechen. Zacharias hat im Grunde nichts verloren, als ihm die Sprache abhanden kam. Es scheint auch tatsächlich so, daß es Herrn Aaron nichts ausmacht, stumm zu sein.
Gehen Sie doch auch einmal mit Maria übers Gebirge nach En Karim. Am schönsten ist es früh vor Tag, bevor die Sterne vergehen, oder abends, wenn sie auf einmal alle da sind über die Hügel hin.
Sie hätten im Moment keine Zeit dazu, sagen Sie. Das ist kein Grund für eine Absage. In der Zeitlosigkeit der Jesusgeschichte hat niemand mehr Zeit. Man

braucht auch keine mehr, das ist alles immer jetzt. Ich vermute eher, Sie haben Angst.
Maria tritt eben aus der Haustüre, schließt sie ab und legt den Schlüssel durchs rechte Fenstergitter hinter den dritten Nelkentopf. So hat sie es mit Josef abgemacht. Er weiß immer, wo er liegt, wenn er vom Bau kommt.
Josef kann leider nicht mit auf den Berg, er riskiert sonst seine Stelle. Hin und zurück sind es immerhin sieben Tage. Er hat Maria aber versprochen, sie in drei Monaten mit dem Maulesel oben abzuholen.
Ein außerordentlich sympathischer junger Mann, der Bauschreiner Josef. Klug und tüchtig, liebenswürdig und bescheiden, und von einer Gläubigkeit und religiösen Tiefe, wie ich unter Männern keinen kenne, bei uns herum.
«Du kommst mit nach En Karim?» Maria gibt mir die Hand. Sie lächelt, denn sie freut sich, daß ich mitgehe.
«Ja, gerne», sage ich, «ich komme sehr gerne mit, ich habe keine Angst davor.»
«Angst? Wovor?» fragt sie verwundert.
Sie trägt einen gelblichen Leinenrock, ein hellgrünes Tuch um die Haare, Gürtel und Sandalen und einen roten Tuchsack am Riemen über die linke Schulter.
«Vor der Zeitlosigkeit und weil doch jetzt eigentlich keine Orte mehr sind auf der Welt.»
Maria schweigt. Dann nickt sie. Wir gehen zusammen die Taubengasse hinauf, auf das Stadttor zu.

Ich bin sicher, Maria sieht die Jesuskugel, sieht das Ganze, sieht den Menschen wie einen Stern darin, der nirgends herausfallen kann, nur immer hinein in den Glühkern. Den trägt sie. Dieses Mädchen neben mir, mit dem roten Tuchsack am Rücken.
«Gib acht, der Karren!» sage ich. Wir bleiben stehen am Weg. Ein Eselskarren, mit Tuchballen beladen, holpert an uns vorbei. Maria blickt ihm abwesend nach. Sie hatte ihn nicht kommen gehört. Gut, daß ich sie begleite.
Mit Maria nach En Karim hinauf zu wandern, ist unbeschreiblich schön, sage ich Ihnen. Welt und Menschheit, ich und mein Leben, Sie alle und alles Leben, die ganze Wanderung, alles Wandern und Fahren und Gehen auf Erden, alles ist aufgenommen in die aufglühende Weihnacht in ihr. Auf das Wetter kommt es nicht an.
Roter Sand, Gehölz, Thymianfelder, verbrannte Weiden, Schafe, ab und zu ein Berghof, wo man Milch kaufen kann, eher Hütten wie in Missionszeitschriften, Wildenten am Himmel, Kraniche, Webervögel – geht alles mit, die stille, leuchtende Luft, der Glanz auf den Weiden, kleine gelbe Wolken, ist alles darin und geht mit in der Gegenwärtigkeit des ewigen Gottesjetzt im Gotteshier allüberall, seit der Engel gekommen ist.
Daß da nun ein Mädchen Gott persönlich, ich meine, in Person, auf der Erde herumträgt, das wischt doch das Damals dieser Wanderung von Nazaret nach En

Karim hinauf weg und holt sie ins Heute und damit in mich.
Wir wandern und sagen nichts, lange, stundenlang gehen und schweigen, ich weiß doch, daß sie betet. Es betet in ihr, sie betet an, wie, weiß ich nicht, ein Jubel ohne Worte und Laut ist sie, ein Glorialied, das da über die Heide wandert, über Judäas braune und gelbe Hügel, Hand in Hand wandert es da mit mir und betet es durch mich hindurch –
Manchmal ziehe ich meinen Rosenkranz aus der linken Außentasche meines Lunchsacks. «Den du, o Jungfrau, zu Elisabeth getragen hast.» Wo paßt das besser hin als auf die En Karim-Tour?
Maria kennt den Rosenkranz natürlich noch nicht. «Gegrüßt seist du, Maria, voll der Gnade, der Herr ist mit dir.» Das schon, das kennt sie. Da sieht sie den Engel hereinkommen. Still geht sie neben mir her, die Hand am Tuchsackriemen, hört zu und hat den Engel um sich und sein Wort zuinnerst. Aber das weitere versteht sie noch nicht. Sie begreift vermutlich auch nicht, warum ich das «Ave» so rasch fünfzigmal daherbete und einem Vogel nachseh oder ein Schaf am Wegrand streichle oder mitten im Beten ausrufe: «Hast du gehört, das war eine wilde Taube!»
Die Reformierten verstehen das ja auch nicht. Es ist eine schlechte katholische Gewohnheit.
Will ich ihr aber gegen Mittag jeweils den roten Proviantsack tragen, wehrt Maria immer ab.
«Der deine ist doch viel schwerer, laß doch. Das biß-

chen Brot und Ziegenkäse und die paar Feigen da drin.»

Dann schäme ich mich, wenn ich an die Dosen mit dem gekühlten Fruchtsaft denke, an die Schinkenbrote, den Streichkäse, die Schokolade, an die dicken Eier, die Tuttifrutti und dürren Landjäger, an die Pommes-frites-Tüte und die Büchse Ananas, die ich mir aus unserm Eisschrank daheim besorgt habe.

«Ist alles doch auch für dich», sage ich verlegen beim ersten Halt an einem kleinen Wasserlauf.

Wir tauschen und teilen selbstverständlich immer alles auf der Tour nach En Karim. Tuchsack und Lunchtasche werden von Halt zu Halt leichter. Sind sie leer, dann sind wir oben angekommen und Frau Aaron kocht uns Milch, holt Rahm und Fladenbrot und Rauchfleisch, Feigengelee und Mandelschnitten.

Wenn Sie wollen, können Sie aber auch schon vor Marias Ankunft oben sein im Priesterhaus. Das kann man, ob Wanderung, ob Ankunft, alles ist immer jetzt. Ich hole dann gleich das Essen für Herrn Zacharias bei seiner Frau in der Küche und trage es unter den Wacholder im Höfchen. Meist Bohnenbrei mit Zwiebelbrühe, Brot und Gerstenbier, zur Abwechslung Kohl und etwas wie Omelette, auch etwa ein Glas Milch zu Haferbrei und Ziegenkäse.

«Es ist wegen der Treppe. Die paar Stufen in den Hof machen mir nichts aus», sagt Elisabeth Aaron, «aber bis ich wieder oben bin. Beim Treppensteigen drückt mir das Kindchen doch sehr auf den Atem.»

«Aber wenn Maria kommt, werden Sie ihr entgegeneilen», sage ich.
«Maria kommt?»
«Jaja. Sie werden ihr doch entgegeneilen bis unters Hoftor und eine große Preisung singen und dann –»
«Preisung?» Davon weiß Frau Aaron nichts.
«Ja, doch! Und dann wird Ihr Kind in Ihnen aufhüpfen vor Freude, weil Jesus –»
Aber dann fällt mir rechtzeitig ein, daß Frau Elisabeth noch im alten Bund lebt. Sie ist eine der letzten Priesterfrauen hinter der Bundesschwelle. Sie sieht nicht hinüber. Hat noch nicht das Ganze um sich, das Licht der Welt.
Ich muß mich unbedingt beherrschen. Ich darf ihr nichts von dem verraten, was zu verstehen sie ohnehin nicht in der Lage ist.
Daß aber ihre Nichte, Maria von Nazaret, heraufkommen wird, freut Frau Aaron so sehr, daß sie sich hinlegen muß. Es ist ihr auf einmal übel, wie es so geht in ihrem Fall, und ich denke bei mir: Es ist besser, du sagst ihr nichts weiter von dem, was unter der Hoftüre geschehen wird. Jedenfalls nicht, daß sie vom Heiligen Geist erfüllt werden wird, das täte ihr jetzt bestimmt nicht gut.
Sie sorgt sich übrigens sehr um ihren Mann.
«Jetzt, wo er nicht mehr sprechen kann, muß ich ihn soviel allein lassen. Geh doch ein wenig hinaus und leiste ihm Gesellschaft im Hof.»
Das ist der Grund, warum ich oft neben Herrn Za-

charias an der Mauer sitze, beim grünen Wacholder. Dann schaue auch ich hinein in die Propheten. Von vorne, von meinem Standort aus im Jesusgeheimnis, hört und sieht man die natürlich völlig anders, unverhüllt und offen. Es kommt vor, daß der Esel des Herrn Aaron dahertrampt, seine Nase an meiner Schulter reibt und dann zur Mauer trottet, um dort aus einem Eimer zu saufen. Doch in die Propheten schauen, von vorne, das nimmt einen weg. Da sieht man keinen Esel mehr.

Sie möchten wissen, wie es ist, wenn Maria und ich in En Karim oben ankommen? Wenn Elisabeth sie umarmt und Maria das Magnifikat singt, wie man es auf den Bildern immer sieht? Nun, das Magnifikat hatte ich mir aus dem Kirchengesangbuch abgeschrieben und den Zettel in meiner Lunchtasche mit auf den Weg genommen. Zur Sicherheit. Da ich den Text immer nicht ganz auswendig weiß.

An sich, hatte ich mir ausgedacht, könnten wir das Magnifikat auf unserer Tour zusammen als Nachtgebet singen, Maria und ich. Aber wissen Sie, wenn ich sehe, wie sie abends erst still auf ihrem Laubsack sitzt, danach aufsteht, aus den Sandalen schlüpft und, nachdem sie sich sicher ist, in welcher Richtung Jerusalem liegt, Arme und Hände erhebt, ganz wie Pfarrer W. beim Hochgebet der Messe, sich nicht mehr rührt, eine lange Zeit, und dann zu singen beginnt, Psalmverse mit Halleelrufen – wer wagt sich da einzudrängen? Ich bringe es nie fertig.

Wenn sie sich dann aber hinlegt und mir «Gute Nacht» gesagt hat, fange auch ich an zu singen. Was ich jeweils singe? O allerlei! Zum Beispiel: «Es flog ein Täublein weiße» oder «Pangue lingua gloriosi».
Einmal hat der Hausherr der Hütte, wo wir übernachtet hatten, mit seinem Stock an die Decke gepochelt, als ich sang. Aber ich sang absichtlich weiter, nur leiser, in meinen Schlafsack hinein. Am Schluß das «Sanctus» aus der dritten Choralmesse. Das kann ich auswendig. In diesen Hütten zu schlafen, ist aber nicht problemlos. Der Ratten wegen, die an die Proviantsäcke gehen, und Flöhe gibt es da auch oft.
Wenn ich nicht schlafen kann, bei Vollmond etwa, beschäftigt mich außerdem die Theologie. Ich frage mich, ob die Theologen immer wissen, daß sie darin sind, in der Jesusgeschichte. Ich bin nicht sicher. Man merkt nämlich gleich, ob einer in En Karim ist oder nicht, wenn er über Maria doziert. Ob er mit dem Engel gesprochen hat vor dem Nelkenhaus in Nazaret. Ob er dabei ist, in der Höhle zu Betlehem.
Ich sprach einmal mit Herrn Zacharias darüber. Als er wieder sprechen konnte. Er ist derselben Meinung. «Mit Exegese ist es nicht gemacht», sagt er. Seit er den Engel im Tempel gesehen hat, liest er kaum mehr exegetische Abhandlungen.
Aber ja, Sie möchten wissen, wie es ist, wenn Maria und ich beim Priesterhaus anlangen, oben im Gebirge. Bitte, das können Sie doch selber mitbekommen, Sie sind ja auch darin im Geschehen. Ich rate Ihnen,

setzen Sie sich hinter den Sonnenblumen neben dem Hoftor auf das Mäuerchen dort. Da sieht Sie kein Mensch und Sie können die Begegnung Maria-Elisabeth aus dem Verborgenen verfolgen. Sie werden sehen, wie die alte Dame auf den Hof gelaufen kommt, auf Maria zu, und gleich mit zittriger Stimme zur großen Preisung anhebt: «Selig bist du, weil du geglaubt hast!» Dann umarmen sich beide.
Maria steht alsdann still da, und jetzt fängt sie mit erhobenen Händen unterm Torbogen auch an zu singen: «Hoch preist meine Seele den Herrn!»
Ich singe jeweils hinter den Sonnenblumen leise mit. Aber sie singt den Gesang aus dem heiligen Geist und ich bloß vom Zettel. Sie hat die Verse ihres Magnifikat, die stumm, wie in tiefem Schlaf, in ihr eingerollt lagen, seit dem Besuch des Engels in sich getragen. Erst Elisabeths Gruß hat sie aufgeweckt, und so singen sie jetzt aus ihr.
Aber dann werden Sie sehen, wie auch der alte Herr Zacharias eilends am Stock daherkommt, denn er hatte unter dem Wacholder sämtliche Propheten an seinem Hoftor in Gesang ausbrechen hören. Seit er nicht mehr sprechen kann, hört Herr Aaron in die Jahrtausende zurück. Die hört er jetzt jubeln aus dem Mädchen mit dem roten Tuchsack am Rücken.

*

Wissen Sie, wo die Kanzlei steht in Betlehem? Nicht? Noch nie dort gewesen, sagen Sie? Dann machen Sie, daß Sie hinkommen! Die Kanzlei steht am Davidsplatz, dem Brunnen gegenüber, links an der Ecke Isaiweg-Ruthgasse.

Josef hat mir versichert, gegen vier Uhr nachmittags kämen Sie bestimmt in Betlehem an. Um diese Zeit können Sie ihn mit Maria also vor der Kanzlei treffen.

In diesen Tagen gibt es dort allerdings eine Menge Volk. Damit müssen Sie rechnen. Falls Sie die beiden jedoch oben bei der Kanzlei verpassen sollten, besteht die Möglichkeit, sie im Gasthaus «Zum goldenen Lamm» in der Hauptgasse zu sprechen. Dort wollen sie übernachten. Vergessen Sie aber nicht, Maria wird dann sehr müde sein und sich gerne bald zurückziehen wollen. Das werden Sie gewiß verstehen.

Ich habe ihnen versprochen, zum Esel zu schauen, während sie drinnen im Büro die Formulare ausfüllen, das wäre sicherlich gleich erledigt. Aber sie kamen, sage und schreibe, erst gegen halb sechs Uhr heraus.

«Drei Schreiber», sagt Josef, «drei Listen und dreimal dieselbe Fragerei.» Er ärgert sich, aber er lächelt Maria an. «Und dreimal dieselbe Taxe», schimpft er weiter und lacht dazu.

«Das ist auf allen Ämtern der Welt so», erkläre ich ihm. «Du solltest erst einmal unser städtisches Steueramt erleben. Jetzt haben sie zwar Computer.»

Wie lieb Maria aussieht in ihrem großen grauen Reisemantel! Man erkennt, daß sie darunter ein Kind in sich trägt. Wie ergeht es ihr wohl? Was denkt sie all die Zeit? Es ist jetzt nicht der Augenblick, sie danach zu fragen.
Ich höre, wie Josef sagt: «Du bist bestimmt arg müde.»
«Nicht sehr», antwortet sie leise.
«Hat dir der Sand nicht zugesetzt?»
«Es geht. Nur die Augen brennen ein wenig.»
«Möchtest du etwas essen?»
«Lieber erst das Gesicht waschen hier am Brunnen.»
Es dunkelt schon über den Häusern der Stadt.
Ich gehe mit dem Esel voraus, die Ruthgasse hinunter. Es ist besser, sie gehen zu Fuß hintendrein, bei diesem Gewimmel von Menschen, Karren und Tieren.
Wenn Sie mich sehen könnten! Ich höre Sie lachen. «Was, du mit einem Esel? Wo du vor jedem Hund auskneifst!» Aber ich ziehe nicht nur den Esel hinter mir her, ich schreie sogar: «Platz, bitte! Platz! Bitte Platz machen!» Für Maria und ihr Kindchen mache ich noch ganz andere Dinge.
Die Passanten sehen auffallend verdrossen aus. Man hört viel Schimpfen. Es sind Bürger von Betlehem, sie kommen meist von weit her und ärgern sich über die Zählung. «Wozu denn? Wozu?» – «Mehr Steuern! Mehr Rekruten? Für römische Kriegsmaschinen, was?» – «Eine Art von Katasterschatzung», könnte

ich den Leuten erklären, eine Katechetin unserer Pfarrei hat mir das gesagt. Die neueste Forschung habe das festgestellt. Aber am Ende kommt das auf dasselbe heraus. Es hat keinen Sinn, die Leute beruhigen zu wollen, sie sind alle müde, wollen essen und sich hinlegen, nichts weiter. Genau wie wir.

Ich auch – jaja, ich auch. Ich kam doch mit dem Fahrrad herunter, das hatten wir abgemacht. Am Siebten abends wollten wir uns treffen vor der Kanzlei. Ich war schon um halb fünf angekommen und hatte mir erst einen Unterschlupf für mein Rad gesucht. Da aber jeder Schuppen, jeder Abstellraum, jeder Hinterhof besetzt und belagert war von Bündeln, Decken, Frauen, Kindern, Futtersäcken, Kesseln, Karren, alten Leuten, Kochgeschirren und Reittieren, ging ich und hängte mein Vehikel außerhalb der Stadtmauer in einen alten Tamariskenbaum. Den hatte ich mir bei der Herfahrt durchs Stadttor gemerkt. Da sieht es kein Mensch, und Parkmiete muß ich auch nicht bezahlen.

Vor dem Gasthof «Zum goldenen Lamm» geht es zu und her wie auf einem europäischen Bahnhof vor Abfahrt der Flüchtlingszüge. Wir sehen uns an, schütteln den Kopf. Der Esel bockt. Dem paßt es nicht hier. Uns auch nicht.

«Da geht es nicht», sage ich und sehe mich um, die Gasse hinauf, hinab, nirgends ein Hotel sonst. Kein anderes, noch so bescheidenes Gasthaus.

«Wartet hier», sagt Josef, «ich muß mit dem Lamm-

wirt sprechen.» Und schon springt er über einen mitten auf dem Vorplatz liegenden Esel und verschwindet im Hoftor des Gasthofes «Zum goldenen Lamm». Er kommt aber gleich zurück und schüttelt von weitem den Kopf. Nichts.

Das hatten wir uns gedacht. Wie ich bin, Sie kennen mich doch, überkommt mich wilder Zorn.

«Klar, kein Zimmer! Aber hast du dem Mensch gesagt, daß Maria –»

«Ich kam gar nicht dazu. Er ließ sich auf kein Gespräch ein.»

Schon springe auch ich über den Esel auf dem Grasplatz, boxe mich durch die Dahocker bis zum Hoftor des Hotels und weiter die Treppe hoch in die unterste Gaststube, bis nach vorne zur Anrichte, hinter der ich den Besitzer vermute. Richtig, da steht er, spindeldürr, Gebetsschnüre um den Hals, Spitzbart und Glatze.

Meine Mutter wäre in Tränen ausgebrochen über meine ordinäre Sprache. Sie war nicht ordinär. Nur sehr deutlich und deutsch.

Die ganze Szene hat aber, ich gebe es zu, etwas Groteskes.

Geht da eine Neunzehnjährige, wohnhaft irgendwo in Europa, auf einen alteingesessenen Betlehemiten los und wirft ihm die wütende Frage ins Gesicht: «Weißt du, was du tust, du Geizteufel, du Esel? Das weißt du nicht, aber ich weiß es! Eine historische Untat, eine heilsgeschichtliche Teufelei! Du bist der Typ,

der Prototyp des Unmenschen, des Menschen der Finsternis, des Herausgefallenen aus der –»
Weiter komme ich nicht. Der Mann pfeift nach hinten, dann rast ein schwarzer Köter auf mich los.
«Wir sind jetzt in der Weihnacht, mein lieber Herr Lammwirt, jawohl, in der Weihnacht! Da lagert der Löwe neben dem Kalb, und der Panther spielt mit dem Säugling. Ungefähr so, sagt Jesaja, das habe ich aus der Bibel, verstehen Sie?»
Und strahlend verlasse ich, den winselnden Köter sanft wie eine Katze hinter mir her, und ins «Das goldene Lamm».
Dem habe ich es gesagt, nicht wahr? Biblisch und auf gut deutsch.

*

In letzter Zeit fühle ich mich dem Lammwirt gegenüber eher unsicher. Ich muß sagen, der Umgang mit Maria und Josef verunsichert mich. Sie sind viel weniger extrem als ich. Werfen niemandem ihre Überzeugung an den Kopf und verdammen keinen, der anders denkt, in Grund und Boden, nicht einmal Herodes, den sich doch ganz Palästina zum Teufel wünscht. Sie reden natürlich auch nicht so massiv wie ich.
Bei uns ist eben seit der Jugendbewegung eine sehr bildhafte Sprache im Schwang. Meine Jugendbewegung verläuft Richtung Taubengasse. Durch die Wohnküche im Haus Nummer zweiundzwanzig

und durch alles hindurch, was dort geschah: hindurch. Durch alles, was von dort aus in die Welt hineingeschieht: hindurch. Das geht nicht ohne Protest und moralische Wasserwerfer gegen die Bürgerlichen, ich meine, die im Glauben alteingesessenen Sicheren, die immer damit rechnen, wie es ist, ist es gut, und sie hätten noch lange Zeit. Eben nicht. Niemand hat mehr Zeit zum Verlieren, sie ist schon verloren, hinein ins Geheimnis der Welt, das «Jesus» heißt.

Mit dem Lammwirt bin ich jedoch immer noch nicht fertig. War es so todsicher richtig, den langen Alten hinter der Anrichte, ohne ihn überhaupt anzuhören, zu – wie soll ich sagen? – zu exkommunizieren? Mit welchem Recht? Vielleicht hatte er tatsächlich kein Zimmer, keine Ecke, kein Bett mehr frei. Nun, er hätte sein eigenes Bett hergeben müssen in diesem Ernstfall der Liebe, wie man sagt.

Gestern abend, als ich an einer Straßenkreuzung auf grünes Licht wartete, sah ich den Wirt vom «Goldenen Lamm» in Betlehem plötzlich neben mir stehen. Das gibt es auch. Palästina kann auch da sein, wo man gerade steht. Unter einer Verkehrsampel zum Beispiel.

«Es tut mir leid», sage ich verwirrt. Er sieht mich nämlich ganz anders an als damals hinter der Theke. Irgendwie trostlos.

«Ich bin nicht so», sagt er leise.

Das hatte ich mir auch gedacht, nachher, er ist vielleicht gar nicht –

«– nicht so gemein, wie Sie glauben.»
Dann erzählt er mir. Von seiner Frau, die mit andern Männern geht. Von der Tochter, die trinkt. Einen Sohn hat er nicht, das heißt, er hat einen, aber einen unehelichen. Und so geht es weiter. Ein armer, unter seinen Familienproblemen verschütteter Mensch.
«Haben die Leute ein Logis gefunden für die Nacht?»
«Ja», sage ich, «in einer Höhle vor der Stadt.»
Er sieht mich erschrocken an. «In einer –?»
«Sie können nichts dafür, Sie können überhaupt nichts dafür, wissen Sie, es mußte so kommen, Jesus mußte in einem Stall geboren werden, in einer Stallhöhle, man versteht das nicht, aber die Weihnacht ist eben unverständlich.»
Ich bin ganz heiß vom Reden.
«Sie können bestimmt nichts dafür!»
Ich weiß nicht, ob ihn das beruhigt. Er versteht es wohl nicht ganz.
«Hören Sie», sagt der Mann, «ich heiße Chamar, falls wir uns irgendwann wiedersehen, ich bin froh, daß ich Sie getroffen habe.»
Seine Stimme zittert.
«Ich bin auch froh, sehr froh, wirklich. Auf alle Fälle sehen wir uns wieder, wo doch jetzt die Weihnacht –» Der Mann aus der Herbergssuche ist weg.
Finden Sie das nicht auch herrlich, daß der hergekommen ist? Mir nichts dir nichts unter der Verkehrsampel steht? Der ist natürlich aus meinem schlechten Gewissen aufgestiegen. Aber woher er auf-

gestiegen ist, bedeutet hier nichts. Er ist eben darin, und ich bin darin, in der Weihnacht. Das ist alles. Wieder ein Beweis, ein evidenter Beweis für die Kugel. Daß ich aber den Lammwirt aus Betlehem wiedersehen werde, ist ganz klar. In der Kugel stirbt niemand. Sterben? Wer stirbt, der stößt einfach ins Innerste vor. Das ist auch so etwas, was man nicht einfachhin begreifen kann. Aber wozu begreifen wollen? Mit dem Begreifen ist es nicht getan. Die Hauptsache ist, man trifft sich im Ganzen. Das schafft Gemeinschaft über Jahrtausende hinweg, durch alle Kulturen und Orte und Länder und Völker, von Schicksal zu Schicksal. Da bleibt nichts, gar nichts außerhalb. Wo denn, außerhalb? Jeder ist ja doch der Wirt vom «Goldenen Lamm», der Unmensch, von sich aus. Aber auch das andere ist jeder: aufgenommen ins Licht.

*

Gegen halb acht Uhr abends verlassen wir Betlehem. Eben geht der Mond auf über dem Städtchen. Ich hole noch rasch mein Fahrrad aus der Tamariske an der Mauer.

Der Esel steuert von selbst auf eine Mulde zu. Er weiß offensichtlich, was Josef denkt. Er hat die Wachehöhle in der Senke, in einer felsigen Bodenwelle, auch gesehen beim Herkommen. Oben steht ein riesiger Mandelbaum, ziemlich allein am Nachthimmel, und Schafe grasen dort rundum.

«Die bleiben nachts im Pferch», sagt Josef.
An sich müßte ich mich jetzt vor den Esel hinstellen und Josef ins Gesicht hinein erklären: «Ausgeschlossen, Josef, das kommt nicht in Frage! Wie könnt ihr in dieser Nacht, wo das Kind kommen wird, in einem dreckigen Unterschlupf für Schafe biwakieren?»
Mir ist aber rechtzeitig eingefallen, daß ich mich ja darin befinde, im Weihnachts-Jetzt. Da weiß man: so, genau so muß es geschehen: erst kein Platz im Gasthaus, dann eine Höhle draußen in einem der Hügel, eine Grotte, wie es hier viele gibt, anders wäre alles falsch. Es läßt sich nicht ändern. Die Höhle muß sein.
Was sich da die niederdeutschen Maler zum Beispiel zusammenmalen an herrlichen Burgruinen mit Bogenfenstern und Brokatbehängen, gelegen in den schönsten Flußlandschaften, der Ausblick auf den Gloriaengel mit dem Spruchband über winzigen Hirten in weiter Ferne –
Letzteres ist passiert, natürlich ist das passiert, das weiß man. Aber die historische Wachehöhle hier, vor der jetzt der Esel steht und Josef seiner jungen Frau herunterhilft, die ist doch ganz anders. Und die Gegend rundum auch.
Sie sind eben alle nicht darin, diese Maler, wenn sie die Weihnacht malen. Sie legten sonst sofort den Pinsel weg, kämen gerannt und machten es wie ich: Erst einmal helfen, das faule Stroh herausschaffen und mit

einem Bündel Heu an der Gabel Wände und Decke von den dicken Spinnetzen und allem Dreck säubern. Keiner stände da, den Kopf schief, und studierte die Helldunkel-Proportionen im Schein der an einem Stützbalken baumelnden Laterne oder die Farbkomposition: Heu gelb, eher grau, beziehungsweise ocker, rote Decke, grauer Mantel, lila Kopfschleier über blassem Gesicht, alles auf dunkelrotgrau getöntem Hintergrund –

Was wollen die denn? Man ist aus allen Weihnachtsbildern heraus, hier, in dieser Höhle, in dieser Nacht. Wer in den Bildern der Weihnacht verbleibt, vermag nicht zu sehen, daß er darin ist. Andernfalls kann er nichts anderes als zupacken und Sachen hertragen, die Kochstelle einrichten, Holz sammeln, Milch holen, Wasser herbeischaffen, an der Windseite Decken aufhängen und vor allem das Lager aus Heu für Maria am bestgeschütztesten Platz zwischen zwei Brettern zurechtstopfen.

Josef setzt sich gegen elf Uhr, in eine Wolldecke gewickelt, neben den Esel in eine Ecke. Maria schläft schon in ihren Heukissen. Oder liegt sie bloß ganz still da?

Ich muß gehen. Wenn ich ein Esel oder Schaf wäre – die dürfen bleiben, wenn Gott kommt, wenn er sich in einen Futtertrog zu seinem ersten Schlaf auf Erden hinlegt.

Ob Josef gegen Mitternacht wohl aufstehen, Wasser heißmachen und fortgehen wird, um eine Frau zu

holen, eine Hebamme? Auf einer russischen Ikone sah ich sogar zwei Hebammen, die das Kind badeten in der Höhle.

Aber nein, Josef, das kann ich doch tun, ich kann doch eine Geburtshelferin in Betlehem holen. Ich habe doch das Rad bei mir.

Die Kanzlei ist geschlossen. Das hätte ich wissen können, nachts um halb zehn. Bei uns fährt man in diesem Fall zu einer Telefonkabine und sucht einen Arzt oder eine Gemeindehelferin. Ist keine Kabine am Platz, fragt man sich nach dem Pfarrhaus durch. Irgendwer wird doch wissen, wo man eine Hebamme findet, selbst so spät abends.

Ich fahre die Ruthgasse hinab. Kaum ein Passant auf der Straße. Was ist denn das? Sind die Leute alle schon zu Bett gegangen? Der Torwächter sicher nicht. So fahre ich die Hebronsteige zurück. Ich muß schließlich ins Pedal stehen, anders komme ich das Pflaster nicht hinauf.

Es ist wie im Traum. Ich trampe und trete durch eine ausgelöschte, tote Stadt. Die Räder drehen sich, aber ich trampe im Leeren, trampe und trete – wozu?

★

Seither trete ich endlos im Leeren herum. Ich weiß nicht, was geschehen ist. Kennen Sie das? An Ort und Stelle treten und trampen und nicht wissen wozu? Jesuskosmos? Wovon sprechen Sie? Fragen Sie nicht,

lassen Sie mich in Ruhe. Warum soll ich nicht auch einmal schlecht aussehen? Übermüdet. Wer ist nicht übermüdet.
Übrigens, ich habe mich getäuscht. Es gibt kein Jesus-jetzt. Keine Gegenwärtigkeit der Weihnacht, nichts dergleichen. Man muß den Mut haben, nicht nur einzusehen, sondern auch einzugestehen, daß man sich getäuscht hat im Hinblick auf die Aktualisierung der Heilswirklichkeit in der Welt. Ich habe sie mit Inbrunst vertreten, aber ich verstehe heute nicht mehr, wie ich sie vor mir selber bewiesen habe. Sie haben recht, ich war so sicher, daß ich keiner Beweise bedurfte, und das war falsch, ganz falsch.
Wie ich dazu komme, das Nichtvorhandensein der Weihnacht im selben Buch, das sie als eigene Erfahrung in ihrer Zeit- und Raumlosigkeit schildert, zu erklären? Und dies im Augenblick, wo auf dem Hirtenfeld vor Betlehem der Engel die Geburt in der Höhle verkündet?
Könnte das nicht eine schöne Legende sein, wie alles, was sich vorher und nachher zutrug?
Der Engel kommt nicht. Ist wohl nie gekommen. Ich kann jetzt nächtelang unter dem Mandelbaum, der oben auf der Wachehöhle steht, sitzen und warten. Nichts.
Natürlich, es ist ja gar kein Mandelbaum, und ich sitze auch nicht mehr darunter mit Kis und den andern beiden. Kis ist der Jüngste der Hirten. Er spuckt immer ins Feuer, das kann Samma nicht leiden. Sam-

ma ist der Alte. Er sieht nur noch mit einem Auge. Und der dritte, Nadab, ist meistens ein wenig betrunken. Er singt oft und gar nicht schlecht.
Aber was red ich, das ist alles nie gewesen. Wenn es keinen Engel auf dem Hirtenfeld gibt, dann gibt es auch keine Hirten, denen er erschienen ist. Kis war aber ein lieber Junge, muß ich sagen. Als der Engel dastand, riß er die Mütze vom Kopf und kniete ins Gras und rührte sich nicht mehr, bis der Gesang am Himmel zuende war –
Und dann, ich sage Ihnen, dann liefen die drei Burschen, liefen in die Senke, die Schafe hintendrein, liefen und jauchzten durch die Nacht, ich auch, jaja, ich auch, ich lief allen voraus, so bin ich noch nie gelaufen in meinem Leben wie in der Weihnacht. Josef stand mit dem Windlicht vor der Höhle, er hatte uns kommen hören, den Hügel herab. Wie lange wir im Heu knieten? Weiß ich doch nicht mehr – Aber ich habe Jesus erklärt: «Mein Gott, da geh ich nicht mehr weg, mach mit mir, was du willst.»
Warum quäle ich mich mit der Geschichte? Man hat mir heute morgen übrigens die Stelle gekündigt. Ich bin Verkäuferin, wie Sie wissen. Meine Leistungen seien in letzter Zeit derart, daß die Geschäftsleitung auf meine Mitarbeit ab sofort verzichte. Das Gehalt wird mir noch zwei Monate ausbezahlt. Ich muß jedenfalls auf ein Mansardenzimmer umstellen. Ich fühle mich außerdem krank. Sie haben recht, ich esse zu wenig.

Wenn ich daran denke, wie das war, als der Engel die Taubengasse herabkam. Ich wußte, daß er ins Nelkenhaus einbog, aber ich zitterte vor Spannung dabei – geht er hinein? Geht er weiter? Ich stelle mir vor, wie es jetzt ist, wenn ich auf der Gartenmauer vis-à-vis sitze und kein Engel kommt, nicht die Taubengasse herunterkommt, in kein Nelkenhausineingeht und ich auch nicht vis-à-vis auf der Gartenmauer sitze und mir das alles bloß ausdenke in meinem Gehirn.

Nun, ich würde den Leuten in Nazaret erklären, Maria habe gar nicht Ja gesagt, die Weihnacht sei daher nicht ausgebrochen, es bleibe alles beim alten. Sie könnten ruhig weiter dahocken, feilschen, Wasserpfeifen rauchen und in den Dreck spucken, der Himmel sei noch nie zur Welt gekommen in einem Mädchen –

Ich habe Angst. Was habe ich für eine Angst! Kennen Sie die Angst, in die man versinkt, wenn es aus ist mit dem Jesuskosmos! Wem ist diese Angst nicht ins Gesicht geschrieben? Ich sehe jedenfalls niemand, straßauf, straßab, dem man die Weihnacht ansieht. Es gibt sie eben nicht.

Gestern hätte man mich beinahe tot unter einem Autobus hervorgezogen. Ich muß die Hupe nicht gehört haben. Jetzt liege ich mit Gehirnerschütterung und einem Muskelriß im Spital. Das kommt alles davon. Der Verlust meiner Stelle, die Mansarde, die elende Kost, der Unfall – kommt alles einzig davon, daß es die Weihnacht nicht gibt. Sie wird noch schuld sein,

daß ich umkomme. «Todesursache: Das Weihnachtsnichts.» Das wäre gar keine schlechte Anzeige unter meinem Foto in der Rubrik: «Unsere lieben Verstorbenen».

Wissen Sie, daß es schon ein Jahr her ist, seit ich nach Betlehem gefahren bin in der heiligen Nacht und ins Nichts hineindrehte? Ich habe eine neue Stelle gefunden, ein neues, anständiges Zimmer, arbeite, lebe und esse richtig, aber wenn ich Ihnen sage, mein Herz sei tot, dann ist das nur ein schwacher Hinweis auf die Mitternacht zuinnerst in mir. Ich werde mit ihr zu leben versuchen, wie jedermann rund um mich. Man tut zwar, als wäre alles in Ordnung. Aber diese Ordnung ist ein grauenhafter Schwindel. Nichts ist mehr in Ordnung, seit die Weihnacht weg ist aus der Welt. Sie ist weg. Wäre sie noch da, wo wäre sie dann? In welcher Gegend?

Lesen, Kontakte pflegen, Kurse besuchen – lassen Sie mich in Ruhe. Mein Zimmer – die reinste Höhle. Sie haben recht. Mein Chef hat mir außerdem gestern erklärt: «Entweder sind Sie so dumm und verbohrt, oder Sie tun nur so.» Ein Esel also. Es paßt alles zusammen. Mitternacht, Höhle, Esel –

Und da ist es geschehen. Auf einmal war die Zeit da, daß es geschehen konnte: In der Austraße ist am letzten Dienstag in einem armen Mädchen, von Beruf Floristin, Christus zur Welt gekommen. Jetzt sieht sie, wo die Weihnacht geschieht: Zuinnerst, im größeren Kern des Jesuskosmos, im Menschen.

Ich sage Ihnen, man ist in der Jesusgeschichte eingeschlossen wie ein Stern in der Kugel des Kosmos. Es gibt den Jesuskosmos. Man kann darin nach allen Seiten hin auszubrechen versuchen, doch man bleibt darin.

Ein Stern, der heraus will aus dem Weltall, fällt auch nur immer wieder hinein in die randlose Kugel. Springt er nach vorne hinaus, springt er nach hinten hinaus, er springt nur immer hinein, ist anderswo und anders wieder da.

Zwar gibt es in der Jesusgeschichte das War und das Wird. Aber in einer Kugel gibt es genau genommen nur immer das Hier und das Jetzt, überall und die ganze Zeit.

Das ist es, was mich nicht mehr losläßt, dieses Darinsein in einem Damals, im Damals einer Geschichte, das vorbei ist und gleichzeitig ins Heute und ins Morgen hineindauert. Stern in der Kugel oder Kugel im Stern –

Die Weihnachtserfahrung des Mädchens, das am Bahnhofplatz Blumen verkauft, beweist beides. Sie beweist, daß im Weihnachtskosmos unablässig im innersten Kern des Menschen der Himmel zur Welt kommt.

UIOGD

Suzanne Hürzeler-Erb, geboren 1926 in Bern, lebt als freischaffende Malerin in Dübendorf. Künstlerische Ausbildung bei Alexandre Benois de Stetto (Genf), an den Kunstgewerbeschulen Biel, Bern und Basel sowie in London (Middlesex County Council Technical and Art College) und Paris (Ecole Nationale Supérieure des Beaux-Arts, Atelier Fernand Léger, Académie Julian). Mitglied der Gesellschaft schweizerischer Maler, Bildhauer und Architekten und der Gesellschaft schweizerischer Malerinnen, Bildhauerinnen und Kunstgewerblerinnen. Ausstellungen in der Schweiz, in England und Italien.